Pe. Cristóvão Dworak, CSsR

Ofício da Imaculada Conceição

Orações, hinos e reflexões

Paulinas

Editora responsável: Andréia Schweitzer
Equipe Editorial

1ª edição – 2012
14ª reimpressão – 2024

Nenhuma parte desta obra poderá ser reproduzida ou transmitida por qualquer forma e/ou quaisquer meios (eletrônico ou mecânico, incluindo fotocópia e gravação) ou arquivada em qualquer sistema ou banco de dados sem permissão escrita da Editora. Direitos reservados.

Cadastre-se e receba nossas informações
paulinas.com.br
Telemarketing e SAC: 0800-7010081

Paulinas

Rua Dona Inácia Uchoa, 62
04110-020 – São Paulo – SP (Brasil)
(11) 2125-3500
editora@paulinas.com.br

© Pia Sociedade Filhas de São Paulo – São Paulo, 2012

Introdução

O Papa Paulo VI, ao falar do culto à Virgem Maria, para os tempos de hoje, escrevia: "Na Virgem Maria, de fato, tudo é relativo a Cristo e depende d'ele: foi em vista d'ele que Deus Pai, desde toda a eternidade, a escolheu Mãe toda santa e a plenificou com dons do Espírito a ninguém mais concedidos" (*Marialis Cultus* [MC], 25). O mistério de Cristo está inserido no plano divino de participação humana. Assim, a Virgem Maria participa de modo todo singular desse mistério. Por isso, ela foi merecidamente honrada, desde cedo, com culto especial na Igreja. O Concílio Vaticano II, confirmando tudo o que os concílios anteriores disseram a respeito de Maria, ao falar da Bem-aventurada Virgem, Mãe de Deus, no mistério de Cristo e da Igreja, recomenda que se dê grande valor às práticas e aos exercícios de piedade que expressam as grandes coisas que Deus fez em seu favor (cf. Lc 1,49; *Lumen Gentium* [LG] 66-67).

Entre as variadas formas de devoções marianas presentes na vida do nosso povo, encontra-se o Ofício da Imaculada Conceição. Ele foi criado no século XV e sua composição foi atribuída ao frade franciscano, insigne teólogo e pregador, beato Bernardino de Bustis. Essa composição literária a ele atribuída surgiu nos tempos em que já se tinha firmada a convicção religiosa na Conceição Imaculada de Maria. O Ofício foi aprovado oficialmente pelo Papa Inocêncio XI em 1678 e contribuiu com o desenvolvimento da devoção mariana e da fé na Imaculada Conceição de Maria, cuja definição dogmática se deu em 1854 pelo Papa Pio IX.

O Ofício da Imaculada Conceição sempre foi muito popular no Brasil e, por isso, praticamente todos os tradicionais livros de orações, cartilhas e manuais de irmandades o incluíam. A sua organização a partir de determinadas horas do dia acompanhava a estrutura horária da oração do antigo Breviário do clero e dos monges, rezado na língua latina, e com o qual eram santificadas as horas do dia e da noite. Assim, o Ofício da Imaculada constava das seguintes horas: Matinas e *Laudes* (madrugada e manhã), Prima (6h), Terça (9h), Sexta (12h), Nona (15h), Vésperas (18h) e Completas (21h). Dessa maneira, o povo, que não conhecia a língua latina, podia santificar o dia e glorificar o nome de Deus, recordando as suas maravilhas. O modo mais frequente de rezar o Ofício da Imaculada consistia em cantá-lo todo de uma vez, sem interrupções, ou, então, interrompê-lo no meio para terminá-lo depois de obter o resultado do confiante pedido. O canto do Ofício da Imaculada

Conceição acompanhava a vida diária do povo, especialmente os seus momentos mais significativos, como: a hora do parto, trabalhos diários, momentos de perigo, viagens, romarias, horas de agonia etc. É importante sublinhar que a divulgação dessa forma de oração popular no Brasil deu-se em grande parte pela presença desse Ofício nas Missões Populares, durante as quais os missionários e beatos ensinavam a rezar o rosário e cantar o Ofício da Imaculada.

A reforma da liturgia promovida pelo Concílio Vaticano II convidou de novo os leigos e leigas a rezarem com renovado ardor a Liturgia das Horas, santificando assim o tempo em geral e as horas do dia em particular, com a oração e a meditação. E se presenciamos no Brasil o crescente interesse em cantar/rezar a Liturgia das Horas, especialmente em forma do Ofício Divino das Comunidades, certamente não perde o seu valor também o Ofício da Imaculada Conceição, cantado com fervor em muitíssimas comunidades, nas romarias, nas peregrinações e nas caminhadas do povo brasileiro.

Levando em consideração as constatações da 5ª Conferência de Aparecida quanto à importância da piedade popular e mariana no discipulado e na missão dos cristãos católicos no seu seguimento de Cristo, achamos que favorecer o conhecimento mais profundo do conteúdo daquilo que se canta no Ofício da Imaculada Conceição pode ser de grande valor espiritual e bíblico-catequético para todos que o acompanham. Por isso, o presente livro, fazendo vozes àquilo que já foi publicado neste sentido no Brasil, traz não somente o próprio Ofício para ser cantado, mas apresenta ao mesmo tempo uma breve reflexão sobre o seu conteúdo bíblico-teológico e mariológico.

Algumas referências bíblicas e uma breve meditação correspondente a cada uma das horas do Ofício da Imaculada encontram-se na segunda parte do livro, intitulada: "Meditando o Ofício". Essa meditação, que não pretende ser uma exegese, poderá ser feita logo após o canto do Ofício. Para a leitura poderá ser escolhido um dos textos propostos, que consideramos importantes para melhor entender e relacionar as invocações do Ofício com a mensagem bíblica no seu contexto mais amplo. Após a leitura poderá ser feita também a leitura da meditação correspondente. Em seguida, depois de um momento de silêncio, poderá ser rezada a Oração do Senhor e uma (ou mais) Ave-Maria. A celebração terminará com a oração e bênção final dada por quem presidir.

Esperamos que este pequeno livro contribua com o crescimento na fé no Senhor e na devoção à Mãe de Deus, dos discípulos missionários, proporcionando-lhes não só o conhecimento mais profundo do conteúdo do Ofício em sintonia com grandes acontecimentos da história da salvação, da qual a Virgem Maria participou de modo especial, mas também a oportunidade de celebrarem mais profundamente o seu encontro pessoal e comunitário com o Senhor, dando-lhes forças necessárias para cumprir sua missão no mundo.

Quanto ao canto do Ofício da Imaculada Conceição, é importante acrescentar que existem diversas melodias para cantar este Ofício. Algumas delas podem ser encontradas no livro *Deus vos salve, Casa Santa* e no CD *Agora, lábios meus* (Paulinas/Comep).

Finalizando, queremos trazer aqui ainda as palavras de Santo Afonso Maria de Ligório, grande devoto da Virgem Maria, registradas num dos seus livros mais famosos, *As glórias de Maria*: "As súplicas de Maria são eficacíssimas para obterem tudo quanto ela pede, ainda que não possa dar ordens a seu Filho no céu. Pois os seus rogos sempre são rogos de Mãe".

Animados por tal testemunho, resta apenas convidar: "Agora, lábios meus, dizei e anunciai os grandes louvores da Virgem, Mãe de Deus!".

PARTE I

Cantando o Ofício da Imaculada

O modo próprio, mas não único, de rezar o Ofício da Imaculada é cantá-lo em comunidade. A capela, ou qualquer outro local, deve estar adequadamente preparada. A imagem ou ícone de Nossa Senhora pode ser colocada em lugar apropriado, mas não sobre o altar. A Palavra de Deus será proclamada do Lecionário ou da Bíblia.

Antes de iniciar o canto do Ofício é bom fazer um momento de silêncio para a oração pessoal. Em seguida, quem preside motiva e convida todos a apresentarem ao Senhor intenções, agradecimentos e pedidos, que acompanharão a oração do Ofício.

Canta-se o Ofício.

Depois do canto do Ofício, um leitor proclama com solenidade a Palavra de Deus a partir dos textos indicados. Em seguida, poderá ser feita a reflexão do texto correspondente sugerido pelo livro. Depois da reflexão, as pessoas permanecem por um momento em silêncio meditando sobre o que foi cantado e proclamado.

Terminada a meditação, rezam-se a oração do Senhor e a Ave-Maria.

A celebração do Ofício termina com a bênção final.

INVITATÓRIO

Deus vos salve,
Virgem, Filha de Deus Pai!
Deus vos salve,
Virgem, Mãe de Deus Filho!
Deus vos salve,
Virgem, Esposa do Divino Espírito Santo!
Deus vos salve,
Virgem, Templo e Sacrário
da Santíssima Trindade!

Agora, lábios meus,
dizei e anunciai,
os grandes louvores
da Virgem Mãe de Deus.

Sede em meu favor,
Virgem soberana,
livrai-me do inimigo
com o vosso valor.

Glória seja ao Pai,
ao Filho e ao Amor também,
que é um só Deus em Pessoas três,
agora e sempre, e sem fim. Amém.

MATINAS

Hino

Deus vos salve, Virgem,
Senhora do mundo,
Rainha dos céus
e das virgens, Virgem.

Estrela da manhã,
Deus vos salve, cheia
de graça divina,
formosa e louçã.

Dai pressa, Senhora,
em favor do mundo,
pois vos reconhece
como defensora.

Deus vos nomeou,
desde *ab aeterno*,
para a Mãe do Verbo,
com o qual criou:

terra, mar e céus,
e vos escolheu,
quando Adão pecou,
por esposa de Deus.

Deus vos escolheu,
e já muito dantes,
em seu tabernáculo
morada Lhe deu.

Ouvi, Mãe de Deus,
minha oração.
Toquem vosso peito
os clamores meus.

Oração

Santa Maria, Rainha dos céus, Mãe de nosso Senhor Jesus Cristo, Senhora do mundo, que a nenhum pecador desamparais nem desprezais; ponde, Senhora, em mim os olhos de Vossa piedade e alcançai-me de vosso amado Filho o perdão de todos os meus pecados, para que eu, que agora venero com devoção a Vossa santa e Imaculada Conceição, mereça na outra vida alcançar o prêmio da bem-aventurança, por mercê do vosso benditíssimo Filho, Jesus Cristo, nosso Senhor, que, com o Pai e o Espírito Santo, vive e reina para sempre. Amém.

PRIMA

Sede em meu favor,
Virgem soberana,
livrai-me do inimigo
com o vosso valor.

Glória seja ao Pai,
ao Filho e ao Amor também,
que é um só Deus em Pessoas três,
agora e sempre, e sem fim. Amém.

Hino

Deus vos salve, mesa
para Deus ornada,
coluna sagrada,
de grande firmeza.

Casa dedicada
a Deus sempiterno,
sempre preservada
virgem do pecado.

Antes que nascida,
fostes, Virgem santa,
no ventre ditoso
de Ana concebida.

Sois Mãe criadora
dos mortais viventes,
Sois dos Santos porta,
dos Anjos Senhora.

Sois forte esquadrão
contra o inimigo,
Estrela de Jacó,
refúgio do cristão.

A Virgem, a criou
Deus no Espírito Santo,
e todas as suas obras
com ela as ornou.

Ouvi, Mãe de Deus,
minha oração.
Toquem em vosso peito
os clamores meus.

Oração

Santa Maria, Rainha dos céus, Mãe de nosso Senhor Jesus Cristo, Senhora do mundo, que a nenhum pecador desamparais nem desprezais; ponde, Senhora, em mim os olhos de Vossa piedade e alcançai-me de vosso amado Filho o perdão de todos os meus pecados, para que eu, que agora venero com devoção a Vossa santa e Imaculada Conceição, mereça na outra vida alcançar o prêmio da bem-aventurança, por mercê do vosso benditíssimo Filho, Jesus Cristo, nosso Senhor, que, com o Pai e o Espírito Santo, vive e reina para sempre. Amém.

TERÇA

Sede em meu favor,
Virgem soberana,
livrai-me do inimigo
com o vosso valor.

Glória seja ao Pai,
ao Filho e ao Amor também,
que é um só Deus em Pessoas três,
agora e sempre, e sem fim. Amém.

Hino

Deus vos salve, trono
do grão Salomão,
arca do Concerto,
velo de Gedeão.

Íris do céu clara,
sarça da visão,
favo de Sansão,
florescente vara.

A qual escolheu
para ser Mãe sua,
e de vós nasceu
o Filho de Deus.

Assim vos livrou
da culpa original,
de nenhum pecado
há em vós sinal.

Vós, que habitais
lá nessas alturas,
e tendes vosso trono
sobre as nuvens puras.

Ouvi, Mãe de Deus,
minha oração.
Toquem em vosso peito
os clamores meus.

Oração

Santa Maria, Rainha dos céus, Mãe de nosso Senhor Jesus Cristo, Senhora do mundo, que a nenhum pecador desamparais nem desprezais; ponde, Senhora, em mim os olhos de Vossa piedade e alcançai-me de vosso amado Filho o perdão de todos os meus pecados, para que eu, que agora venero com devoção a Vossa santa e Imaculada Conceição, mereça na outra vida alcançar o prêmio da bem-aventurança, por mercê do vosso benditíssimo Filho, Jesus Cristo, nosso Senhor, que, com o Pai e o Espírito Santo, vive e reina para sempre. Amém.

SEXTA

Sede em meu favor,
Virgem soberana,
livrai-me do inimigo
com o vosso valor.

Glória seja ao Pai,
ao Filho e ao Amor também,
que é um só Deus em Pessoas três,
agora e sempre, e sem fim. Amém.

Hino

Deus vos salve, Virgem,
da Trindade templo,
alegria dos anjos,
da pureza exemplo.

Que alegrais os tristes,
com Vossa clemência,
horto de deleite,
palma da paciência.

Sois Terra bendita
e sacerdotal.

Sois da castidade
símbolo real.

Cidade do Altíssimo,
porta oriental,
sois a mesma Graça,
Virgem singular.

Qual lírio cheiroso,
entre espinhas duras,
tal sois vós, Senhora,
entre as criaturas.

Ouvi, Mãe de Deus,
minha oração.
Toquem em vosso peito
os clamores meus.

Oração

Santa Maria, Rainha dos céus, Mãe de nosso Senhor Jesus Cristo, Senhora do mundo, que a nenhum pecador desamparais nem desprezais; ponde, Senhora, em mim os olhos de Vossa piedade e alcançai-me de vosso amado Filho o perdão de todos os meus pecados, para que eu, que agora venero com devoção a Vossa santa e Imaculada Conceição, mereça na outra vida alcançar o prêmio da bem-aventurança, por mercê do vosso benditíssimo Filho, Jesus Cristo, nosso Senhor, que, com o Pai e o Espírito Santo, vive e reina para sempre. Amém.

NONA

Sede em meu favor,
Virgem soberana,
livrai-me do inimigo
com o vosso valor.

Glória seja ao Pai,
ao Filho e ao Amor também,
que é um só Deus em Pessoas três,
agora e sempre, e sem fim. Amém.

Hino

Deus vos salve, Cidade,
de torres guarnecida,
de Davi, com armas
bem fortalecida.

De suma caridade
sempre abrasada,
Do dragão a força
foi por vós prostrada.

Ó mulher tão forte!
Ó invicta Judite!
Vós que alentastes
o Sumo Davi.

Do Egito o curador,
de Raquel nasceu,
do mundo o Salvador,
Maria no-Lo deu.

Toda é formosa
minha companheira,
nela não há mácula
da culpa primeira.

Ouvi, Mãe de Deus,
minha oração,
toquem em vosso peito
os clamores meus.

Oração

Santa Maria, Rainha dos céus, Mãe de nosso Senhor Jesus Cristo, Senhora do mundo, que a nenhum pecador desamparais nem desprezais; ponde, Senhora, em mim os olhos de Vossa piedade e alcançai-me de vosso amado Filho o perdão de todos os meus pecados, para que eu, que agora venero com devoção a Vossa santa e Imaculada Conceição, mereça na outra vida alcançar o prêmio da bem-aventurança, por mercê do vosso benditíssimo Filho, Jesus Cristo, nosso Senhor, que, com o Pai e o Espírito Santo, vive e reina para sempre. Amém.

VÉSPERAS

Sede em meu favor,
Virgem soberana,
livrai-me do inimigo
com o vosso valor.

Glória seja ao Pai,
ao Filho e ao Amor também,
que é um só Deus em Pessoas três,
agora e sempre, e sem fim. Amém.

Hino

Deus vos salve, relógio,
que, andando atrasado,
serviu de sinal
ao Verbo Encarnado.

Para que o homem suba
às sumas alturas,
desce Deus dos céus
para as criaturas.

Com os raios claros
do Sol da Justiça,
resplandece a Virgem,
dando ao sol cobiça.

Sois lírio formoso
que cheiro respira,
entre os espinhos,
da serpente a ira.

Vós a quebrantais
com o vosso poder.
Os cegos errados
vós alumiais.

Fizestes nascer
Sol tão fecundo,
e como com nuvens
cobristes o mundo.

Ouvi, Mãe de Deus,
minha oração.
Toquem em vosso peito
os clamores meus.

Oração

Santa Maria, Rainha dos céus, Mãe de nosso Senhor Jesus Cristo, Senhora do mundo, que a nenhum pecador desamparais nem desprezais; ponde, Senhora, em mim os olhos de Vossa piedade e alcançai-me de vosso amado Filho o perdão de todos os meus pecados, para que eu, que agora venero com devoção a Vossa santa e Imaculada Conceição, mereça na outra vida alcançar o prêmio da bem-aventurança, por mercê do vosso benditíssimo Filho, Jesus Cristo, nosso Senhor, que, com o Pai e o Espírito Santo, vive e reina para sempre. Amém.

COMPLETAS

Rogai a Deus, vós,
Virgem, nos converta,
que a sua ira
aparte de nós.

Sede em meu favor,
Virgem soberana,
livrai-me do inimigo
com o vosso valor.

Glória seja ao Pai,
ao Filho e ao Amor também,
que é um só Deus em Pessoas três,
agora e sempre, e sem fim. Amém.

Hino

Deus vos salve, Virgem,
Mãe Imaculada,
Rainha de clemência,
de estrelas coroada.

Vós sobre os Anjos
sois purificada.
De Deus, à mão direita,
estais de ouro ornada.

Por vós, Mãe da graça,
mereçamos ver
a Deus nas alturas,
com todo prazer.

Pois sois Esperança
dos pobres errantes
e seguro porto
dos navegantes.

Estrela do mar
e saúde certa,
e porta que estais
para o céu aberta.

É óleo derramado,
Virgem, vosso nome,
e os vossos servos
vos hão sempre amado.

Ouvi, Mãe de Deus,
minha oração.
Toquem em vosso peito
os clamores meus.

Oração

Santa Maria, Rainha dos céus, Mãe de nosso Senhor Jesus Cristo, Senhora do mundo, que a nenhum pecador desamparais nem desprezais; ponde, Senhora, em mim os olhos de Vossa piedade e alcançai-me de vosso amado Filho o perdão de todos os meus pecados, para que eu, que agora venero com devoção a Vossa santa e Imaculada Conceição, mereça na outra vida alcançar o prêmio da bem-aventurança, por mercê do vosso benditíssimo Filho, Jesus Cristo, nosso Senhor, que, com o Pai e o Espírito Santo, vive e reina para sempre. Amém.

OFERECIMENTO

Humildes, oferecemos
a vós, Virgem pia,
estas orações,
porque em Vossa guia.

Vades vós adiante,
e na agonia
vós nos animeis,
ó doce Maria.
Amém.

Salve-Rainha

Salve, Rainha, Mãe de misericórdia, vida, doçura, esperança nossa, salve! A vós bradamos os degredados filhos de Eva.

A vós suspiramos, gemendo e chorando neste vale de lágrimas. Eia, pois, Advogada nossa, esses vossos olhos misericordiosos a nós volvei. E depois deste desterro, mostrai-nos Jesus, bendito fruto do vosso ventre. Ó clemente, ó piedosa, ó doce sempre Virgem Maria.

Rogai por nós, Santa Mãe de Deus.

Para que sejamos dignos das promessas de Cristo. Amém.

ESCUTA DA PALAVRA DE DEUS

Presidente: Depois de cantar "os grandes louvores da Virgem, Mãe de Deus", ouçamos agora atentamente a palavra do Senhor.

Leitor: Proclamação do Evangelho segundo...

Todos: Glória a vós, Senhor.

Ou

Leitor: Leitura do Livro de...
Todos: Glória a vós, Senhor.

Meditação

Pai nosso...

Oração final

Presidente: Ó Deus, que escolheste Maria para ser a Mãe de Jesus, teu amado Filho e nosso Senhor, faze que pela força de sua oração junto de ti sejamos sinais da tua presença redentora neste mundo. Por Cristo, nosso Senhor, na unidade do Espírito Santo.

Todos: Amém.

Bênção final

Presidente: O Senhor Deus que dirigiu para Maria o seu olhar de bondade, volte o seu rosto também para nós e nos faça caminhar na fé, esperança e caridade, agora e para sempre.

Todos: Amém.
Ave Maria...

Presidente: Louvado seja nosso Senhor Jesus Cristo.
Todos: Para sempre seja louvado.

PARTE II

Meditando o Ofício

Esta meditação leva em consideração diversos textos bíblicos que influenciaram na composição do Ofício, e de tantos outros que estão relacionados com a participação de Maria no mistério de Cristo. A reflexão pode ser feita na própria celebração, como é sugerido no esquema celebrativo, como também em grupos de reflexão, ou ainda individualmente.

Para facilitar a localização de invocações, seguimos aqui a ordem das Horas do Ofício.

ABERTURA OU INVITATÓRIO

> *Deus vos salve, Virgem*
> *Agora, lábios meus* (Sl 51,17)
> *Os grandes louvores* (Lc 1,46-56)

As primeiras invocações do Ofício constituem um invitatório, isto é, um convite e uma convocação ao louvor. Através dele, o povo de Deus é convidado a cantar cada dia os louvores de Deus, a bendizer ao Senhor em todo o tempo e a escutar sua voz: "Ó Senhor, abre os meus lábios, e minha língua anunciará o teu louvor" (Sl 51,17); "Bendirei o Senhor em todo tempo, seu louvor estará sempre nos meus lábios... Engrandecei ao Senhor comigo, juntos exaltemos o seu nome" (Sl 34,2.4). Esta atitude de louvor, própria ao cristão, enraíza-se no próprio Batismo, no rito do éfata, isto é, "abre-te", onde o cristão é enriquecido com a graça necessária para ouvir, professar, anunciar a Palavra de Deus e louvar continuamente o Senhor.

Estas primeiras invocações constituem também um convite para anunciar os louvores da grande Mãe de Deus. Ela é apresentada e venerada neste Ofício como Filha de Deus Pai, Mãe do Filho de Deus, Esposa do Espírito Santo e Morada da Santíssima Trindade.

Aquela que foi engrandecida com a graça singular de maternidade divina, agora, na qualidade de Mãe, intercede junto do seu Filho Jesus (cf. Jo 2,3) e assegura ao povo fiel favores necessários na luta contra o poder do inimigo. Assim, a

Igreja louva, bendiz e glorifica o Pai pelo mistério da Virgem Maria, Mãe de Deus Filho, que foi associada de modo especial ao mistério da Redenção. Por isso, é merecidamente honrada com veneração e amor pela Igreja de todos os tempos (cf. LG 66), de acordo com suas próprias proféticas palavras: "Doravante as gerações todas me chamarão de bem-aventurada, pois o Todo-poderoso fez grandes coisas em meu favor" (Lc 1,48).

O final da invocação, "Glória seja ao Pai", constitui a doxologia, isto é, a profissão de fé da Igreja em Deus Uno e Trino e, ao mesmo tempo, a glorificação de Deus, do qual, pelo qual e para a qual são todas as coisas (cf. Rm 11,36; 1Cor 8,6).

MATINAS

Virgem Mãe de Deus: Lc 1,26-38

Virgem: Is 7,10-17; Mq 5,2; Mt 1,23

Estrela da manhã: Ap 2,28; Ap 22,16; 2Pd 1,19

Cheia de graça divina: Lc 1,26-45

Deus vos nomeou para a Mãe do Verbo: Mt 1,18-25; Lc 1,26-38; Jo 1,1-14

Vos escolheu quando Adão pecou: Gn 3,14-15; cf. Ap 12,13-17

Os hinos fazem parte integral do Ofício da Imaculada, estão destinados ao louvor de Deus de modo popular e expressam o sentido de cada hora.

O hino matinal faz, num primeiro momento, a memória da aurora e do despertar da humanidade para a existência através da Criação. Nesta obra da Criação, o Verbo faz parte integrante. O mundo foi feito pelo poder do Verbo-Palavra: "No princípio era o Verbo, e o Verbo estava com Deus e o Verbo era Deus. No princípio, ele estava com Deus. Tudo foi feito por meio dele e sem ele nada foi feito" (Jo 1,1-3).

O povo de Deus vê a Virgem Maria como aquela que participa de modo especial do projeto de Deus, porque desde a eternidade foi escolhida para ser a Mãe do Verbo. No contexto da desobediência dos primeiros pais (Adão e Eva), ela é profeticamente esboçada na promessa da vinda do descendente da mulher: "Então Deus disse à serpente... Porei hostilidade entre ti e a mulher, entre tua linhagem e a linhagem dela. Ela te esmagará a cabeça e tu lhe ferirás o calcanhar" (Gn 3,14.15). Assim, na noite escura do pecado, ela brilha como a *Estrela da manhã* (cf. Ap 2,28) que anuncia a chegada do Sol da Justiça, o seu Filho Jesus Cristo: "Graças ao misericordioso coração do nosso Deus, pelo qual nos visita o Astro das alturas, para iluminar os que jazem nas trevas e na sombra da morte, para guiar nossos passos no caminho da paz" (Lc 1,78-79; cf. 1Pd 1,19; Ap 22,16).

Por isso, no contexto da obra da Criação de Deus, do mistério do pecado e da salvação realizada pelo Senhor, Rei e Messias, o povo de Deus, cheio de alegria e gratidão, chama, com justa razão, a gloriosa Virgem Maria, escolhida por Deus desde a eternidade (*ab aeterno*), preparada pelo Espírito Santo, repleta do favor divino e elevada aos tronos celestes, de *Mãe do*

Senhor (cf. Lc 1,43) e *Mãe de Deus*. E por isso também, *Rainha do céu* e *Senhora do mundo*, que elevada aos céus brilha entre os astros como *Estrela da manhã* e que do alto dos tabernáculos eternos intercede e roga por toda a humanidade.

A oração, que é a mesma em todas as horas do Ofício da Imaculada, retoma a ideia da intercessão por parte daquela que é a Mãe de Jesus Cristo, e que, como Mãe, não desampara e não despreza nenhum dos seus filhos e filhas, alcançando-lhes junto do seu Filho, e por merecimentos do seu Filho, as graças necessárias e a garantia da vida plena na morada eterna do Pai.

PRIMA

Mesa para Deus ornada: 1Rs 6,20-22; Ex 30,1-10; Ez 41,21-22

Coluna sagrada: 1Rs 7,15-22

Casa dedicada a Deus: 1Rs 8,62-66; cf. Pr 9,1-2

Mãe criadora: Gn 3,20; Jo 19,25-27

Sois dos Santos porta: Ez 44,1-3; Jo 10,25

Forte esquadrão contra o inimigo: Ct 6,4

Estrela de Jacó: Nm 24,15-19; cf. Mt 2,1-12; Ap 12

Refúgio do cristão: Js 20,1-9; Ex 21,13; Nm 35,9-34; Dt 19,1-13

O hino desta hora contém várias referências bíblicas que aqui foram associadas a Maria.

Assim, a Virgem Imaculada é comparada ao grandioso *Templo* construído por *grão Salomão*, onde Deus habita (cf. 1Rs 8,22-29). E como o Templo, isto é, a Casa de Javé era um lugar reservado, dedicado e destinado unicamente ao culto e ao louvor do Deus verdadeiro (2Cr 7,1-22), do mesmo modo Maria, mesmo sendo criatura de Deus, porque nascida de Joaquim e Ana, foi preservada pelo poder do Espírito Santo da corrupção do pecado para servir unicamente a Deus e para ser um verdadeiro *Templo do Senhor e Sacrário do Espírito Santo* (cf. 1Cor 3,16-17; 6,19; 2Cor 6,16; LG 53).

No tempo em que a prática da vingança particular predominava na sociedade humana, o Templo era considerado também um lugar de refúgio e de asilo aos homicidas involuntários (cf. Ex 21,13; 1Rs 1,50; 2,28-43). Por isso, ao invocar Maria como *Refúgio do cristão*, o povo reconhece nela a Mãe protetora de todos aqueles que se encontram sob o domínio do pecado (cf. Rm 7,14-25), mas que na plenitude dos tempos foram resgatados pelo Filho de Deus nascido de mulher (cf. Gl 4,4-7; Rm 3,21-26).

Ela pode ser comparada também ao *Altar do santuário*, ornado para Deus, e ao *Altar dos perfumes*, onde perpetuamente será oferecido, em diferentes momentos do dia, o incenso aromático, santo e reservado ao Senhor (1Rs 6,20-22; cf. Ex 30,1-10; 34–38). As mesas sagradas do Templo lembram as mesas das quais devem alimentar-se os batizados nas celebrações dominicais da Eucaristia ou da Palavra, isto é, a mesa do Pão da Palavra e a mesa do Pão da Eucaristia. Maria, como *Mulher eucarística*, pode guiar os fiéis para a vivência do mistério eucarístico, porque, como lembra o Papa João Paulo II na Carta Encíclica *Sobre a Eucaristia*, ela não só esteve presente na fração do pão, como nas memórias dominicais do Ressuscitado celebradas pela comunidade apostólica de Jerusalém (cf. At 2,42-47); porém, de certo modo, praticou a sua fé eucarística ainda antes de ser instituída a Eucaristia, quando ofereceu o seu ventre virginal para a encarnação do Verbo de Deus, e depois quando viveu a dimensão sacrifical da Eucaristia no Calvário, aos pés da cruz.

Ela também é invocada aqui como *Mãe criadora*, isto é, mãe que cria e educa, *Mãe dos viventes* e *Mãe da nova humanidade*. Isto porque, assim como no paraíso a falta do homem-Adão e da mulher-Eva contribuiu com a entrada da morte na humanidade (cf. Gn 3,1-24), Maria, *Nova Eva*, *Mãe do novo Adão*, Jesus Cristo, pelo qual prevalece a abundância da graça (cf.

Rm 5,12-20), contribuiu para a vida da nova humanidade (cf. LG 56).

A porta sugere a ideia de passagem, do limiar entre o conhecido e desconhecido, uma realidade que se abra para um mistério. A invocação de Maria como *Porta dos santos* e dos anjos, em estreita ligação com o Cristo, verdadeira porta das ovelhas e porta do céu que abre acesso às pastagens eternas (cf. Jo 10,1-18; Sl 23), refere-se à virgindade fecunda de Maria, que abriu ao Filho de Deus e Messias o caminho para o mundo (cf. Ez 44,1-3), e ao mesmo tempo alude tanto ao mistério de Maria, modelo de santidade, não somente para os santos e santas, como também à sua materna intercessão a favor do povo de Deus chamado a caminhar na santidade.

A Virgem Maria, intimamente ligada ao seu Filho Jesus, o Messias, anunciado como *Astro procedente de Jacó* (Nm 24,17) e o *Astro das Alturas* (Lc 1,78), cujo nascimento foi anunciado pelo aparecimento de uma estrela (cf. Mt 2,1-12), recebeu por parte do povo a honra de também ser chamada de *Estrela de Jacó*. A estrela é sinal e portadora da luz, que atravessa as trevas e participa da luta constante entre os poderes da luz e das trevas. Assim, Maria, glorificada pelo Senhor (cf. Ap 2,28), é a portadora do Verbo e da Luz verdadeira que ilumina todo homem que vem a este mundo (cf. Jo 1,4-10).

TERÇA

> *Trono do grão Salomão:* 1Rs 10,18-20
>
> *Arca do Concerto:* Ex 25,10-16
>
> *Velo de Gedeão:* Jz 6,36-40
>
> *Íris do céu clara:* Gn 9,8-17; Ez 1,27-28
>
> *Sarça da visão:* Ex 3,1-6
>
> *Favo de Sansão:* Jz 14,5-11
>
> *Florescente vara:* Nm 17,16-24
>
> *Tendes vosso trono sobre as nuvens:* Eclo 24,1-21

Maria participa da obra salvadora de Deus de modo especial. Em Maria tudo se refere a Cristo. Por isso, o hino da hora terça expressa esta verdade, colocando a missão de Maria à luz dos grandes acontecimentos salvadores de Deus na vida do seu povo da Primeira Aliança.

Assim, Maria é comparada ao *Trono régio do grande Rei Salomão*, que era sinal de autoridade e de soberania, e do qual ele fazia justiça (cf. 1Rs 7,7; 10,18-20). Maria é vista também como *Nova arca da Aliança*, que contém e contempla em si a Palavra da vida (LG 58), como a antiga arca continha as tábuas dos Dez Mandamentos (cf. Ex 25,10-16). Assim, com Jesus no ventre, Maria é a *Arca da nova aliança* que traz a alegria e a bênção (cf. 1Sm 6,12; Lc 1,40-44). Ela é também sinal da benevolência de Deus para com a humanidade pecadora, assim como foi o arco-íris para Noé (cf. Gn 9,12-17), pois dela nasceu o Salvador da humanidade, autor da nova e definitiva Aliança (cf. Hb 8,6-12; 9,15-22).

Ela, enfim, é comparada à *Sarça ardente* (cf. Ex 3,1-6), pois não só foi intacta na sua admirável virgindade, como foi preservada a sarça ardente, mas também porque, através dela, Aquele-que-É revela e manifesta ao mundo a sua vontade de salvação e de libertação, e de fato a realiza por seu Filho, o novo Moisés e Libertador.

A participação de Maria do projeto de salvação realizada por Deus é uma graça. E por isso, assim como grandes personagens da história sagrada, entre os quais o hino da Hora Terça recorda *Aarão* (Nm 17,16-24), *Sansão* (Jz 14,5-11) e *Gedeão* (Jz 6,36-40), que foram chamados por Deus para uma missão libertadora e intercessora, assim também a Virgem Maria, escolhida entre todas as mulheres, intercede, hoje, como *Soberana Rainha*, lá das alturas, junto do trono do Altíssimo, a favor dos seus filhos e filhas.

SEXTA

Templo: 1Rs 6,1-36

Alegria dos anjos: Lc 2,13-14

Horto de deleites: Gn 2,8-17; Ct 4,12-15; Ap 22,1-2

Terra bendita e sacerdotal: Nm 35,1-8

Cidade do Altíssimo: 2Sm 5,6-11; Is 52,1-6; Ap 21,2-14

Porta oriental: Ez 46,1-3; Hb 10,5-10

No hino desta hora, a Virgem Maria é exaltada como a pessoa que Deus escolheu para ser digna habitação do Verbo encarnado. A *Cidade do Altíssimo* é a

Jerusalém. E esta, por sua vez, era residência dos reis e o lugar do magnífico Templo construído por Salomão (cf. Sl 48; Nm 35,1-8). A esta cidade acorriam numerosamente os fiéis para celebrar com alegria grandes festas pascais, na esperança da vinda do novo Reino e do novo Paraíso. Essa nova realidade era esperada com a vinda do Messias e do Príncipe que irá abrir a porta oriental do Templo e nela se assentar (cf. Ez 46,1-3). Os Evangelhos revelam que Jesus é o Messias, o Cristo, o Ungido. Ele é também este príncipe que veio da Virgem Maria para abrir a porta de uma vida nova em Deus. O Livro do Apocalipse (Ap 21,2-14) descreve uma Nova Jerusalém, a Jerusalém messiânica, Jerusalém celeste vista como Mulher e Esposa. Estes dois títulos são atribuídos primeiramente à Igreja, mas a tradição da Igreja vê também em Maria o tipo da Igreja na ordem da fé, da caridade e da perfeita união com Cristo (cf. Gl 4,26-27; LG 63-64).

Maria é aclamada também neste hino como *Horto de deleites e um novo paraíso* (cf. Gn 2,8-17; Ap 22,1-2), no qual aconteceu o novo e definitivo diálogo de amizade da humanidade pecadora com Deus, em Jesus Cristo (cf. Ef 1,14-18). A Virgem é aclamada ainda como *Terra santa e sacerdotal* (cf. Nm 35,1-8), pois gerou o único e verdadeiro sacerdote (cf. Hb 8,1-13), e com ele se oferece ao Pai em sacrifício espiritual.

NONA

Cidade de Davi de torres guarnecida: Ct 4,1-4; 2Sm 5,6-12

Do dragão, a força: Ap 12,1-6

Mulher forte: Pr 31,10-31

Invicta Judite: Jt 13,11-17

Acalentastes o sumo Davi: 1Rs 1,1-4

Do Egito, o curador: Gn 30,22-23; 41,37-57

Toda é formosa: Ct 4,7; 6,4.10

O hino da Hora Nona retoma a ideia da *Cidade de Davi*, isto é, Jerusalém, como fortaleza e lugar de defesa contra os inimigos (cf. 2Sm 5,6-12). O hino, contemplando a imagem da fortaleza de Davi, cheia de soldados e armas para resistir ao inimigo, vê Maria como *Mulher forte* (Pr 31,10-31) e *Mulher invicta como Judite* (Jt 13,11-17), que derrota o inimigo e o dragão que persegue os filhos da Mulher e luta contra o povo de Deus (cf. Ap 12). Neste contexto, a devoção a Nossa Senhora aparece como a força e a proteção contra constantes ameaças do inimigo.

Como Raquel, abençoada por Deus, concebeu e deu a vida a José, que depois tornou-se o salvador do Egito e de toda a família de Jacó nos tempos da fome (cf. Gn 30,22-23; 41,37-57), assim Maria, imaculada e livre do pecado original em previsão dos méritos do seu Filho Jesus, deu a vida àquele que se tornou o Salvador, não de um pequeno grupo de pessoas, mas de toda a humanidade, pois veio para que todos tenham vida em plenitude (cf. Jo 10,10).

A invocação *Toda é formosa minha companheira*, em sintonia com outras citações do Livro do Cântico dos Cânticos, permite olhar este verso, hoje, à luz da profunda relação de amor entre Deus e o seu povo de Israel, e, de modo especial, entre Cristo Senhor e sua Igreja, e, consequentemente, entre Cristo e cada um dos fiéis. Bem provável que o autor do Ofício viu nestes versos a extraordinária capacidade de expressar o mistério da Imaculada Conceição, como o faz a própria liturgia da Igreja na solenidade da Imaculada Conceição de Maria, quando canta: "Toda bela sois, Maria, sem mancha original". Os versos poéticos deste livro podem ser lidos, na perspectiva de fé católica, como a exaltação da beleza e da grandeza de Maria, unida a Cristo e à Igreja com laços de amor e de admiração.

VÉSPERAS

Relógio que, andando atrasado:
2Rs 20,1-11

Resplandece a Virgem: Ct 6,10;
Ap 12,1-6

Lírio formoso que cheiro respira:
Ct 1,1-2; Mt 6,28

Da serpente a ira, vós a quebrantais:
Gn 3,15; Ap 12,1-6

Cobristes o mundo com nuvens:
Ex 40,34-35; 1Rs 8,10-13; Eclo 24,5-8

Maria faz parte do mistério da Encarnação do Filho de Deus na história humana.

"Quando, porém, chegou a plenitude do tempo, enviou Deus o seu Filho, nascido de mulher, nascido sob a Lei, para resgatar os que estavam sob a Lei, a fim de que recebêssemos a adoção filial" (Gl 4,4). Dessa maneira, nas Vésperas, o povo em oração canta o mistério da encarnação. Assim como o milagre do sol relacionado ao relógio solar do Acab (cf. 2Rs 20,1-11) foi sinal da salvação para o gravemente doente rei Ezequias, também Maria é o sinal da salvação para todo o povo, pois trouxe, no mistério da encarnação, o Cristo que funde os grilhões da morte e do Maligno. O mistério da encarnação não só realiza a redenção do mundo, mas também engrandece e eleva o ser humano às sumas alturas, conferindo-lhe dignidade de filhos e filhas de Deus, tornando imortal o que era mortal (cf. LG 52; Santo Atanásio). A Virgem Maria participa e está verdadeiramente presente neste mistério, pois foi dela que o Verbo assumiu, como próprio, aquele corpo que havia de oferecer por nós (Santo Atanásio; cf. LG 60). Para vir a este mundo, Deus escolheu a mediação de uma mulher. Por meio de mulher que o Filho de Deus nasce como Filho do homem. Por isso, a Virgem Maria é reconhecida e honrada como verdadeira Mãe de Deus e do Redentor. Ela resplandece e desponta como sol mais fecundo, porque faz nascer o próprio Sol da Justiça (cf. Lc 1,78-79), que envolve o mundo como nuvem, símbolo da presença de Deus (cf. Ex 40,34-35; 1Rs 8,10-13; Eclo 24,5-8). No meio da humanidade ferida pelos espinhos do pecado, da maldade e da ira da serpente (cf. Ap 12,13-17), ela floresce como Lírio formoso (Ct 1,1-2; Mt 6,28), símbolo de pureza esplendorosa, da inocência, da virgindade e da eleição. E assim como o povo de Israel foi escolhido para ser um povo consagrado ao Senhor (cf. Dt 14,2; Is 41,8-20), Maria foi escolhida dentre todas as mulheres de Israel (cf. Lc 1,30.42) para ser a Mãe do Verbo encarnado, quebrando, assim, a força e a hostilidade da serpente (cf. Gn 3,15).

COMPLETAS

Coroada de estrelas: Ap 12,1-6

De Deus, à mão direita, estais de ouro ornada: Sl 45,8-18

Pois sois esperança dos pobres errantes: Sl 78,23-29

É óleo derramado, Virgem, vosso nome: Ct 1,3

As Sagradas Escrituras, ao descrever a história da salvação, manifestam sempre com maior nitidez a figura da mulher, Mãe do Redentor. Por isso, depois de cantar e meditar o encargo e a missão que a Virgem Maria teve para a história da salvação (cf.

LG 55), as Completas exaltam mais uma vez a sua glorificação. A Imaculada Maria, *Filha de Sião* – como frequentemente é chamada na Liturgia das Horas da Igreja –, resplandecente de beleza, fulgurante como a aurora, elevada ao céu, exaltada pelo Senhor, vencedor do pecado e da morte, e posta ao lado direito de Deus (cf. Sl 45,8-18), coroada de glória, recebe dos filhos e filhas da Igreja diversos honrosos títulos (Ct 1,3). Ela é invocada como *Rainha da clemência, Rainha da misericórdia, Mãe na ordem da graça* (cf. LG 59; 60). Ela é invocada também como *Mãe da esperança* do povo peregrino da nova Aliança, que, assim como o antigo, necessita ser alimentado continuamente pelo pão do céu, trazido por seu Filho Jesus (Sl 78,23-29; Jo 6,31). Ela é aclamada como *Porto seguro* daqueles que navegam pelos mares desta vida rumo ao Eterno. Enfim, ela é saudada por todo o sempre (cf. Sl 45,18;

Lc 1,48) como eminente e singular membro da Igreja, como seu tipo e modelo na fé e caridade (cf. LG 53).

OFERECIMENTO

> Ó Doce Maria: Eclo 24,18-22

Os devotos de Maria, com igual humildade com a qual ela mesma se apresentou ao Senhor (Lc 1,48), pedem que a Virgem, lembrada neste Ofício como *Doçura* e *Herança*, exemplo de virtudes, assunta ao céu e exaltada (cf. LG 65), acolha agora a oração feita neste Ofício. O povo fiel pede doravante que, na qualidade de intercessora, implore e suplique ao Filho a favor do seu povo, especialmente em todos os seus perigos e necessidades (cf. Est 7,3-4; LG 66). Os devotos da Imaculada pedem que, de agora em diante, ela seja como guia, esperança e conforto para o povo de Deus em peregrinação até a pátria eterna (cf. LG 68).

Bibliografia

AFONSO MARIA DE LIGÓRIO, SANTO. *Glórias de Maria*. Aparecida: Editora Santuário, 1987.

BÍBLIA DE JERUSALÉM. Nova edição, revisada e ampliada. São Paulo: Paulus, 2002.

CASTELLANO, J. Virgem Maria. In: MCKENZIE, John L. *Dicionário de Liturgia*. São Paulo: Paulus, 1992. pp. 1214-1235.

CATECISMO DA IGREJA CATÓLICA. São Paulo: Loyola, 1993.

CNBB. *Com Deus me deito, com Deus me levanto*. São Paulo: Paulus, 1979. (Estudos da CNBB, 18).

COLLANTES, Justo. *A fé católica*. Rio de Janeiro/Goiânia: Marques Saraiva Gráficos e Editores Ltda., 2003. (Documentos do Magistério da Igreja. Das origens aos nossos dias).

CONCÍLIO VATICANO II. *Constituição "Sacrosanctum Concilium" sobre a sagrada Liturgia*. Petrópolis: Vozes, 1986.

_____. *Constituição Dogmática "Lumen Gentium" sobre a Igreja*. Petrópolis: Vozes, 1986.

CONGREGAÇÃO PARA O CULTO DIVINO E A DISCIPLINA DOS SACRAMENTOS. *Diretório sobre a Piedade Popular e Liturgia*; princípios e orientações. São Paulo: Paulinas, 2003.

_____. *Liturgia das Horas, I*. Tempo do Advento e Tempo do Natal. São Paulo: Paulinas/Paulus/Vozes/Ave Maria, 1995.

_____. *Liturgia das Horas, IV*. Tempo Comum, 18ª – 34ª Semana. São Paulo: Paulinas/Paulus/Vozes/Ave Maria, 1995.

HEINZ-MOHR, G. *Dicionário dos símbolos*; imagens e sinais da arte cristã. São Paulo: Paulus, 1994.

JOÃO PAULO II. *Carta Encíclica "Ecclesia de Eucharistia" sobre a Eucaristia na* sua relação com a Igreja. Cidade do Vaticano: Libreria Editrice Vaticana, 2003.

PAULO VI. *Exortação Apostólica para a reta ordenação e desenvolvimento do culto à Bem-Aventurada Virgem Maria*. São Paulo: Paulus, 1997.

ROSSO, S. Sábado. In: FIORES, E.; MEO SALVATORE. *Dicionário de Mariologia*. São Paulo: Paulus, 1995. pp. 1144-1153.

SERRA, A. Mãe de Deus. In: FIORES, E.; MEO SALVATORE. *Dicionário de Mariologia*. São Paulo: Paulus, 1995. pp. 776-780.

VAN DER POEL, Francisco. *Agora lábios meus*; ofício e cantos populares de Nossa Senhora. São Paulo: Paulinas/Comep, 2001. 1 CD.

_____. *Deus vos salve, Casa Santa*; pesquisa de folc-música religiosa. São Paulo: Paulus, 1977.

_____. Ofício de Nossa Senhora. *Revista de Liturgia*, São Paulo, n. 87. p. 75, maio/jun. 1988.

_____. Ofício de Nossa Senhora. Disponível em: <http://www.religiosidadepopular.uaivip.com.br/oficio.htm>. Acesso em: 10 jun. 2006.

VELOSO, R. *Ofício da Mãe do Senhor*; "Eis aí a tua Mãe". São Paulo: Paulus, 2001.

VIDIGAL, José Raimundo. A Bíblia no Ofício da Imaculada Conceição. *Revista de Cultura Bíblica*, São Paulo, n. 33-34, pp. 143-155, 1985.

VV.AA. *Ofício Divino das Comunidades*. São Paulo: Paulus, 1994.

NOSSAS DEVOÇÕES
(Origem das novenas)

De onde vem a prática católica das novenas? Entre outras, podemos dar duas respostas: uma histórica, outra alegórica.

Historicamente, na Bíblia, no início do livro dos Atos dos Apóstolos, lê-se que, passados quarenta dias de sua morte na Cruz e de sua ressurreição, Jesus subiu aos céus, prometendo aos discípulos que enviaria o Espírito Santo, que lhes foi comunicado no dia de Pentecostes.

Entre a ascensão de Jesus ao céu e a descida do Espírito Santo, passaram-se nove dias. A comunidade cristã ficou reunida em torno de Maria, de algumas mulheres e dos apóstolos. Foi a primeira novena cristã. Hoje, ainda a repetimos todos os anos, orando, de modo especial, pela unidade dos cristãos. É o padrão de todas as outras novenas.

A novena é uma série de nove dias seguidos em que louvamos a Deus por suas maravilhas, em particular, pelos santos, por cuja intercessão nos são distribuídos tantos dons.

Alegoricamente, a novena é antes de tudo um ato de louvor ao Pai, ao Filho e ao Espírito Santo, Deus três vezes Santo. Três é número perfeito. Três vezes três, nove. A novena é louvor perfeito à Trindade. A prática de nove dias de oração, louvor e súplica confirma de maneira extraordinária nossa fé em Deus que nos salva, por intermédio de Jesus, de Maria e dos santos.

O Concílio Vaticano II afirma: "Assim como a comunhão cristã entre os que caminham na terra nos aproxima mais de Cristo, também o convívio com os santos nos une a Cristo, fonte e cabeça de que provém todas as graças e a própria vida do povo de Deus" (*Lumen Gentium*, 50).

Nossas Devoções procura alimentar o convívio com Jesus, Maria e os santos, para nos tornarmos cada dia mais próximos de Cristo, que nos enriquece com os dons do Espírito e com todas as graças de que necessitamos.

Francisco Catão

Coleção Nossas Devoções

- *Dulce dos Pobres: novena e biografia* – Marina Mendonça
- *Francisco de Paula Victor: história e novena* – Aparecida Matilde Alves
- *Frei Galvão: novena e história* – Pe. Paulo Saraiva
- *Imaculada Conceição* – Francisco Catão
- *Jesus, Senhor da vida: dezoito orações de cura* – Francisco Catão
- *João Paulo II: novena, história e orações* – Aparecida Matilde Alves
- *João XXIII: biografia e novena* – Marina Mendonça
- *Maria, Mãe de Jesus e Mãe da Humanidade: novena e coroação de Nossa Senhora* – Aparecida Matilde Alves
- *Menino Jesus de Praga: história e novena* – Giovanni Marques Santos
- *Nhá Chica: Bem-aventurada Francisca de Paula de Jesus* – Aparecida Matilde Alves
- *Nossa Senhora Aparecida: história e novena* – Maria Belém
- *Nossa Senhora da Cabeça: história e novena* – Mario Basacchi
- *Nossa Senhora da Luz: novena e história* – Maria Belém
- *Nossa Senhora da Penha: novena e história* – Maria Belém
- *Nossa Senhora da Salete: história e novena* – Aparecida Matilde Alves
- *Nossa Senhora das Graças ou Medalha Milagrosa: novena e origem da devoção* – Mario Basacchi
- *Nossa Senhora de Caravaggio: história e novena* – Leomar A. Brustolin e Volmir Comparin
- *Nossa Senhora de Fátima: novena* – Tarcila Tommasi
- *Nossa Senhora de Guadalupe: novena e história das aparições a São Juan Diego* – Maria Belém
- *Nossa Senhora de Nazaré: novena e história* – Maria Belém
- *Nossa Senhora Desatadora dos Nós: história e novena* – Frei Zeca
- *Nossa Senhora do Bom Parto: novena e reflexões bíblicas* – Mario Basacchi
- *Nossa Senhora do Carmo: novena e história* – Maria Belém
- *Nossa Senhora do Desterro: história e novena* – Celina Helena Weschenfelder
- *Nossa Senhora do Perpétuo Socorro: história e novena* – Mario Basacchi
- *Nossa Senhora Rainha da Paz: história e novena* – Celina Helena Weschenfelder
- *Novena à Divina Misericórdia* – Tarcila Tommasi

- *Novena das Rosas: história e novena de Santa Teresinha do Menino Jesus* – Aparecida Matilde Alves
- *Novena em honra ao Senhor Bom Jesus* – José Ricardo Zonta
- *Ofício da Imaculada Conceição: orações, hinos e reflexões* – Cristóvão Dworak
- *Orações do cristão: preces diárias* – Celina Helena Weschenfelder
- *Os Anjos de Deus: novena* – Francisco Catão
- *Padre Pio: novena e história* – Maria Belém
- *Paulo, homem de Deus: novena de São Paulo Apóstolo* – Francisco Catão
- *Reunidos pela força do Espírito Santo: novena de Pentecostes* – Tarcila Tommasi
- *Rosário dos enfermos* – Aparecida Matilde Alves
- *Rosário por uma transformação espiritual e psicológica* – Gustavo E. Jamut
- *Sagrada Face: história, novena e devocionário* – Giovanni Marques Santos
- *Sagrada Família: novena* – Pe. Paulo Saraiva
- *Sant'Ana: novena e história* – Maria Belém
- *Santa Cecília: novena e história* – Frei Zeca
- *Santa Edwiges: novena e biografia* – J. Alves
- *Santa Filomena: história e novena* – Mario Basacchi
- *Santa Gemma Galgani: história e novena* – José Ricardo Zonta
- *Santa Joana d'Arc: novena e biografia* – Francisco de Castro
- *Santa Luzia: novena e biografia* – J. Alves
- *Santa Maria Goretti: história e novena* – José Ricardo Zonta
- *Santa Paulina: novena e biografia* – J. Alves
- *Santa Rita de Cássia: novena e biografia* – J. Alves
- *Santa Teresa de Calcutá: biografia e novena* – Celina Helena Weschenfelder
- *Santa Teresinha do Menino: novena e biografia* – Jesus Mario Basacchi
- *Santo Afonso de Ligório: novena e biografia* – Mario Basacchi
- *Santo Antônio: novena, trezena e responsório* – Mario Basacchi
- *Santo Expedito: novena e dados biográficos* – Francisco Catão
- *Santo Onofre: história e novena* – Tarcila Tommasi
- *São Benedito: novena e biografia* – J. Alves

- *São Bento: história e novena* – Francisco Catão
- *São Brás: história e novena* – Celina Helena Weschenfelder
- *São Cosme e São Damião: biografia e novena* – Mario Basacchi
- *São Cristóvão: história e novena* – Mário José Neto
- *São Francisco de Assis: novena e biografia* – Mario Basacchi
- *São Francisco Xavier: novena e biografia* – Gabriel Guarnieri
- *São Geraldo Majela: novena e biografia* – J. Alves
- *São Guido Maria Conforti: novena e biografia* – Gabriel Guarnieri
- *São José: história e novena* – Aparecida Matilde Alves
- *São Judas Tadeu: história e novena* – Maria Belém
- *São Marcelino Champagnat: novena e biografia* – Ir. Egídio Luiz Setti
- *São Miguel Arcanjo: novena* – Francisco Catão
- *São Pedro, Apóstolo: novena e biografia* – Maria Belém
- *São Peregrino Laziosi* – Tarcila Tommasi
- *São Roque: novena e biografia* – Roseane Gomes Barbosa
- *São Sebastião: novena e biografia* – Mario Basacchi
- *São Tarcísio: novena e biografia* – Frei Zeca
- *São Vito, mártir: história e novena* – Mario Basacchi
- *Senhora da Piedade: setenário das dores de Maria* – Aparecida Matilde Alves
- *Tiago Alberione: novena e biografia* – Maria Belém